Novena
SANTA BÁRBARA

Por Laila Pita

CORAZÓN RENOVADO

UN POCO DE HISTORIA

Nació en Nicomedia, hoy llamada Tizia, en la actual Turquía, en el siglo III después de Cristo. Era hija de un señor rico y poderoso llamado Dióscoro, quien compartía una religión politeísta originaria de Egipto.

Era Santa Bárbara de una belleza deslumbrante, por lo que su padre prefirió encerrarla en una torre de su enorme palacio. Gracias a un médico que secretamente era evangelista, Santa Bárbara pudo conocer la fe cristiana a la que pronto se convirtió. Al enterarse el padre de la conversión religiosa de la hija, trató por todos los medios de hacerla jurar los votos de la religión pagana que él profesaba. Como no hubo tortura que hiciera a Santa Bárbara abjurar de su fe cristiana, Dióscoro decidió acabar con la vida de su hija. La llevó a una montaña en un día soleado, levantó su hacha y no alcanzó a bajarla porque unas nubes se formaron en un instante y de ellas salió un relámpago que lo fulminó.

Por esa relación especial con los relámpagos, a Santa Bárbara le reza la gente pidiéndole protección ante la muerte repentina, tempestades, incendios y hecatombes. En general, se le reza para vencer obstáculos que parecen insalvables. De ella se puede esperar ayuda rápida y contundente.

MILAGRO

Hubo en Holanda un ingeniero llamado Enrique que era muy devoto de Santa Bárbara. Dedicado a las minas, Enrique pasaba las horas de su trabajo metido varios kilómetros bajo tierra.

3

Una tarde, la mina se incendió dejándolo atrapado, sin esperanza de salvar la vida ni de pedir los sacramentos antes de morir quemado.

Resignado a morir, Enrique decidió rezar a su santa favorita. En mitad de las oraciones estaba cuando el techo de la mina se rompió, cayendo al tiro de la mina un lago de agua que pronto acabó con el fuego.

Enrique sabía que sobre la mina no había agua. Era roca pura por más de un kilómetro lo que había sobre su cabeza. ¿De dónde había salido aquel mar que salvó su vida? No tuvo mucho tiempo para ponerse a pensarlo, porque debió nadar para salir de la mina. Y mientras se salvaba dio gracias a Santa Bárbara.

ORACIÓN DIARIA

Santa Bárbara querida, señora y dueña del fulgor, tu fe es como el acero, tu poder reparador. Hay algo que yo te pido, lo dice mi corazón, grande es la hazaña pero es menor que tu don. Obstáculos quiero vencer, que parecen insalvables, y sé bien que con tu ayuda me serán asimilables.

HAGA SU PETICIÓN

Aquí estoy hincado a tus pies.

Con la luz de tus quinqués que no tienen comparación
alumbra a este humilde feligrés
que viene a hacerte esta petición.

Te ruego con todo mi corazón me concedas... (se hace la petición)

Esto es un asunto de interés te suplico tu atención me des. Concédeme lo que te pido en esta ocasión y con tu divina protección me ayudes, para que seas tú siempre mi salvación.

Padre Nuestro, que estás en el cielo, santificado sea tu nombre; venga a nosotros tu reino; hágase tu voluntad, en la tierra como en el cielo. Danos hoy

6

nuestro pan de cada día; perdona nuestras ofensas, como también nosotros perdonamos a los que nos ofenden; no nos dejes caer en la tentación, y líbranos del mal. Amén.

Dios te salve, María, llena eres de gracia, el Señor es contigo. Bendita tú eres entre todas las mujeres, y bendito es el fruto de tu vientre: Jesús. Santa María, Madre de Dios, ruega por nosotros, pecadores, ahora y en la hora de nuestra muerte. Amén.

Gloria al Padre, al Hijo y al Espíritu Santo. Como era en el principio, ahora y siempre, por los siglos de los siglos. Amén.

PRIMER DÍA

Fue tu fe una montaña donde tu alma subió, se encontró con los milagros y con ellos comulgó. La nieve cubrió tu cuerpo de ojos que eran impíos, los muros se hicieron aire al andar de tu camino. Eres la dueña del fuego, del relámpago señora, eres consentida de Dios, de milagros hacedora. Santa Bárbara querida, dame algo de tu temple, que los obstáculos sean de los triunfos componentes.

Padre Nuestro, que estás en el cielo, santificado sea tu nombre; venga a nosotros tu reino; hágase tu voluntad, en la tierra como en el cielo. Danos hoy nuestro pan de cada día; perdona nuestras ofensas, como también nosotros perdonamos a los que nos ofenden; no nos dejes caer en la tentación, y líbranos del mal. Amén.

8

Dios te salve, María, llena eres de gracia, el Señor es contigo. Bendita tú eres entre todas las mujeres, y bendito es el fruto de tu vientre: Jesús. Santa María, Madre de Dios, ruega por nosotros, pecadores, ahora y en la hora de nuestra muerte. Amén.

Gloria al Padre, al Hijo y al Espíritu Santo. Como era en el principio, ahora y siempre, por los siglos de los siglos. Amén.

SEGUNDO DÍA

Santa Bárbara querida, princesa de las alturas, es para ti este rezo, es petición de ayuda. Obstáculos tiene el cuerpo cuando la salud declina, cuando la afección alcanza y la fuerza desatina. Que no halle el cuerpo pretexto para desviar mi camino, y que si en algo me falla, más fuerza tenga el destino. A ti nada te detuvo, convencimiento acerado, con voluntad como roca, tu fuerza es la del rayo.

Padre Nuestro, que estás en el cielo, santificado sea tu nombre; venga a nosotros tu reino; hágase tu voluntad, en la tierra como en el cielo. Danos hoy nuestro pan de cada día; perdona nuestras ofensas, como también nosotros perdonamos a los que nos ofenden; no nos dejes caer en la tentación, y líbranos del mal. Amén.

Dios te salve, María, llena eres de gracia, el Señor es contigo. Bendita tú eres entre todas las mujeres, y bendito es el fruto de tu vientre: Jesús. Santa María, Madre de Dios, ruega por nosotros, pecadores, ahora y en la hora de nuestra muerte. Amén.

Gloria al Padre, al Hijo y al Espíritu Santo. Como era en el principio, ahora y siempre, por los siglos de los siglos. Amén.

TERCER DÍA

Santa Bárbara querida, princesa de las alturas, es para ti este rezo, es petición de ayuda. Obstáculos tiene la mente cuando al revés ha aprendido, lecciones que no enseñan a crear y pensar fino. Si algo así he aprendido, si algo así aprendí mal, permite a mi mente ahora despertar a la verdad. Que la verdad sea un faro que estimule mi mente, y encontraré las respuestas a eso que tengo enfrente.

Padre Nuestro, que estás en el cielo, santificado sea tu nombre; venga a nosotros tu reino; hágase tu voluntad, en la tierra como en el cielo. Danos hoy nuestro pan de cada día; perdona nuestras ofensas, como también nosotros perdonamos a los que nos ofenden; no nos dejes caer en la tentación, y líbranos del mal. Amén.

Dios te salve, María, llena eres de gracia, el Señor es contigo. Bendita tú eres entre todas las mujeres, y bendito es el fruto de tu vientre: Jesús. Santa María, Madre de Dios, ruega por nosotros, pecadores, ahora y en la hora de nuestra muerte. Amén.

Gloria al Padre, al Hijo y al Espíritu Santo. Como era en el principio, ahora y siempre, por los siglos de los siglos. Amén.

CUARTO DÍA

Santa Bárbara querida, princesa de las alturas, es para ti este rezo, es petición de ayuda. Obstáculos tiene la mente si mal lee la realidad, si a los ojos la niebla los tapa con terquedad. Si hay algo que ahora no vea, si hay algo que deba ver, échale luz al asunto, ayúdame a comprender. Yo te agradezco el apoyo, te agradezco la lección, y acercarme a lo cierto a través de la oración.

Padre Nuestro, que estás en el cielo, santificado sea tu nombre; venga a nosotros tu reino; hágase tu voluntad, en la tierra como en el cielo. Danos hoy nuestro pan de cada día; perdona nuestras ofensas, como también nosotros perdonamos a los que nos ofenden; no nos dejes caer en la tentación, y líbranos del mal. Amén.

14

Dios te salve, María, llena eres de gracia, el Señor es contigo. Bendita tú eres entre todas las mujeres, y bendito es el fruto de tu vientre: Jesús. Santa María, Madre de Dios, ruega por nosotros, pecadores, ahora y en la hora de nuestra muerte. Amén.

Gloria al Padre, al Hijo y al Espíritu Santo. Como era en el principio, ahora y siempre, por los siglos de los siglos. Amén.

QUINTO DÍA

Santa Bárbara querida, princesa de las alturas, es para ti este rezo, es petición de ayuda. Obstáculo en la vida es emociones guardar, si envenenan el alma y hacen hasta llorar. Da ligereza a mi pecho, perdón para los demás, perdón hacia mi persona, amor para reparar. Mejor vereda es la paz, es gran vereda la risa, para caminar muy lejos, llegar seguro, sin prisa.

Padre Nuestro, que estás en el cielo, santificado sea tu nombre; venga a nosotros tu reino; hágase tu voluntad, en la tierra como en el cielo. Danos hoy nuestro pan de cada día; perdona nuestras ofensas, como también nosotros perdonamos a los que nos ofenden; no nos dejes caer en la tentación, y líbranos del mal. Amén.

Dios te salve, María, llena eres de gracia, el Señor es contigo. Bendita tú eres entre todas las mujeres, y bendito es el fruto de tu vientre: Jesús. Santa María, Madre de Dios, ruega por nosotros, pecadores, ahora y en la hora de nuestra muerte. Amén.

Gloria al Padre, al Hijo y al Espíritu Santo. Como era en el principio, ahora y siempre, por los siglos de los siglos. Amén.

SEXTO DÍA

Santa Bárbara querida, princesa de las alturas, es para ti este rezo, es petición de ayuda. Obstáculo bien puede ser la voluntad de terceros, cuyo afán se contrapone a lo que ahora yo quiero. Si la razón les acude, te pido me dejes ver, pero si es al contrario, ayúdame a imponer. Que sea tu luz guía, que sea tu luz fuerza que encuentre a todo su sitio, que mi voluntad convenza.

Padre Nuestro, que estás en el cielo, santificado sea tu nombre; venga a nosotros tu reino; hágase tu voluntad, en la tierra como en el cielo. Danos hoy nuestro pan de cada día; perdona nuestras ofensas, como también nosotros perdonamos a los que nos ofenden; no nos dejes caer en la tentación, y líbranos del mal. Amén.

Dios te salve, María, llena eres de gracia, el Señor es contigo. Bendita tú eres entre todas las mujeres, y bendito es el fruto de tu vientre: Jesús. Santa María, Madre de Dios, ruega por nosotros, pecadores, ahora y en la hora de nuestra muerte. Amén.

Gloria al Padre, al Hijo y al Espíritu Santo. Como era en el principio, ahora y siempre, por los siglos de los siglos. Amén.

SÉPTIMO DÍA

Santa Bárbara querida, princesa de las alturas, es para ti este rezo, es petición de ayuda. Obstáculo puede ser andar perdiendo las fuerzas en ser mejor que terceros, como si fueran apuestas. Más vale ser uno mismo, concentrar la energía, dar lo mejor cada quien, hallar la propia armonía. Que sé que siendo yo mismo, como tú, con esa fuerza, nueve mares cruzaré para gloria de mi puerta.

Padre Nuestro, que estás en el cielo, santificado sea tu nombre; venga a nosotros tu reino; hágase tu voluntad, en la tierra como en el cielo. Danos hoy nuestro pan de cada día; perdona nuestras ofensas, como también nosotros perdonamos a los que nos ofenden; no nos dejes caer en la tentación, y líbranos del mal. Amén.

Dios te salve, María, llena eres de gracia, el Señor es contigo. Bendita tú eres entre todas las mujeres, y bendito es el fruto de tu vientre: Jesús. Santa María, Madre de Dios, ruega por nosotros, pecadores, ahora y en la hora de nuestra muerte. Amén.

Gloria al Padre, al Hijo y al Espíritu Santo. Como era en el principio, ahora y siempre, por los siglos de los siglos. Amén.

OCTAVO DÍA

Santa Bárbara querida, princesa de las alturas, es para ti este rezo, es petición de ayuda. Obstáculo puede ser el peligro, la hecatombe, la fatalidad que cae y te quita hasta el nombre. Te pido yo, poderosa, Santa Bárbara querida, que alejes esos peligros de mi salud, de mi vida. Protégeme en tu manto, dame tu protección, con el rayo, contra todo, como hizo contigo Dios.

Padre Nuestro, que estás en el cielo, santificado sea tu nombre; venga a nosotros tu reino; hágase tu voluntad, en la tierra como en el cielo. Danos hoy nuestro pan de cada día; perdona nuestras ofensas, como también nosotros perdonamos a los que nos ofenden; no nos dejes caer en la tentación, y líbranos del mal. Amén.

22

Dios te salve, María, llena eres de gracia, el Señor es contigo. Bendita tú eres entre todas las mujeres, y bendito es el fruto de tu vientre: Jesús. Santa María, Madre de Dios, ruega por nosotros, pecadores, ahora y en la hora de nuestra muerte. Amén.

Gloria al Padre, al Hijo y al Espíritu Santo. Como era en el principio, ahora y siempre, por los siglos de los siglos. Amén.

23

NOVENO DÍA

Con tu poder infinito, Santa Bárbara querida, he de brincar esa traba como quien lleva bastida. Tu fuego me protege, tu nieve me alimenta, tu ejemplo me inspira, tu voz es la que cuenta. Y eso que se imponía, ya tamaño ha cedido, va sintiendo ya mi paso, ante mí se ha vencido. Hoy respiro jubiloso, conmigo la reina está, del rayo, de la tormenta, en mi pecho y acullá.

Padre Nuestro, que estás en el cielo, santificado sea tu nombre; venga a nosotros tu reino; hágase tu voluntad, en la tierra como en el cielo. Danos hoy nuestro pan de cada día; perdona nuestras ofensas, como también nosotros perdonamos a los que nos ofenden; no nos dejes caer en la tentación, y líbranos del mal. Amén.

24

Dios te salve, María, llena eres de gracia, el Señor es contigo. Bendita tú eres entre todas las mujeres, y bendito es el fruto de tu vientre: Jesús. Santa María, Madre de Dios, ruega por nosotros, pecadores, ahora y en la hora de nuestra muerte. Amén.

Gloria al Padre, al Hijo y al Espíritu Santo. Como era en el principio, ahora y siempre, por los siglos de los siglos. Amén.

ORACIÓN FINAL

Santa Bárbara sufriste gran martirio por amor. Hoy te rezo esta novena con fervor, para que me des tu misericordia en momentos de aflicción. Reverenciada Princesa llena mi hogar de armonía con tu Sagrada bendición. Ayúdame a vencer los obstáculos que me impidan vivir mejor. Te lo imploro bella Señora dulce botón en flor. Me inclino a besar tus tiernos pies con respeto y abnegación, para que me recuerdes con satisfacción. Santa Bárbara idolatrada dame fuerza y valor, para enfrentar lo que se me presente sin temor.

Padre Nuestro, que estás en el cielo, santificado sea tu nombre; venga a nosotros tu reino; hágase tu voluntad, en la tierra como en el cielo. Danos hoy nuestro pan de cada día; perdona nuestras ofensas, como también nosotros perdonamos a los que nos ofenden; no nos dejes caer en la tentación, y líbranos del mal. Amén.

Dios te salve, María, llena eres de gracia, el Señor es contigo. Bendita tú eres entre todas las mujeres, y bendito es el fruto de tu vientre: Jesús. Santa María, Madre de Dios, ruega por nosotros, pecadores, ahora y en la hora de nuestra muerte. Amén.

Gloria al Padre, al Hijo y al Espíritu Santo. Como era en el principio, ahora y siempre, por los siglos de los siglos. Amén.

Papá Dios: que tu sabiduría nos guíe; que tu luz ilumine nuestro camino; que tu amor nos de paz; que tu poder nos proteja, y que por donde quiera que caminemos, tu presencia nos acompañe. Gracias Papá Dios que ya nos óíste. Amén.

www.ingramcontent.com/pod-product-compliance
Lightning Source LLC
Chambersburg PA
CBHW070636150426
42811CB00050B/320